날마다 기도 노트

PRAYER NOTE

기도는 전투를 위한 준비가 아니다.
그 자체가 벌써 전투다.

— 오스왈드 챔버스 —

기간 . . . ~ . . .

이름

내게 주신 말씀

기도 노트 쓰기 예 Sample

년 월 일	2017 년 1 월 1 일
기도 제목 → 기도 시작한 날짜	**기도 제목**
	말씀을 가까이 하도록
기도 내용	**기도 내용**
가능한 구체적으로 적는다.	1. 매일 성경 읽기 2. 남편을 위한 기도문 매일 읽고 기도하기
읽은 말씀	**읽은 말씀**
뒤에 있는 기도 성구를 읽고 마음에 닿는 말씀을 기록한다. 요약하거나 장, 절만 적어도 좋다.	이사야 40:29
응답 과정	**응답 과정**
날짜별로 기록한다.	5일 매일 성경 구매 7일 기도문 읽기 시작
응답 결과 체크	
응답 결과 Yes No Wait	**응답 결과** Yes No Wait
날짜와 결과 기록한다.	

기도는 아침의 열쇠요 저녁의 자물쇠다. 빌리 그레이엄

2017 년 2 월 5 일

기도 제목

○○자매 선교여행

기도 내용

1. 은혜 가운데 마치도록

2. 뮤지컬로 예수님의 사랑이

지역에 전파되도록

3. 많은 이가 회심하도록

읽은 말씀

두려워하지 말라 너는 내 것이라

(사 43:1)

응답 과정

매일 중보기도

응답 결과 ✓Yes No Wait

2.15. 무사히 귀국

2017 년 3 월 5 일

기도 제목

5학년 남자반 부흥

기도 내용

1. 출석인원 7명

2. ○○이 출석하도록

3. 성경요절 모두 암송하기

읽은 말씀

하나님이 실로 들으셨음이여

내 기도 소리에 귀를 기울이셨도다.

(시 66:19)

응답 과정

10일 ○○이 친구들과 떡볶이 먹기

17일 ○○이 전화심방

응답 결과 ✓Yes No Wait

3.26. ○○이 교회 출석

기도는 약속을 간구하는 것이다. 존 트랩

년 월 일

기도 제목

기도 내용

읽은 말씀

응답 과정

응답 결과 Yes No Wait

년 월 일

기도 제목

기도 내용

읽은 말씀

응답 과정

응답 결과 Yes No Wait

그대의 생활이 기도가 되게 하라. 호이저

년 월 일

기도 제목

기도 내용

읽은 말씀

응답 과정

응답 결과 Yes No Wait

년 월 일

기도 제목

기도 내용

읽은 말씀

응답 과정

응답 결과 Yes No Wait

기도는 매일의 일과며 습관이며 사명이다. 찰스 H. 스펄전

년	월	일

기도 제목

기도 내용

읽은 말씀

응답 과정

응답 결과 Yes No Wait

년	월	일

기도 제목

기도 내용

읽은 말씀

응답 과정

응답 결과 Yes No Wait

기도는 하나님 앞에 끊임없이 굴복하는 것이다. 사두 선다 싱

년 월 일

기도 제목

기도 내용

읽은 말씀

응답 과정

응답 결과 Yes No Wait

년 월 일

기도 제목

기도 내용

읽은 말씀

응답 과정

응답 결과 Yes No Wait

기도는 하나님의 보좌를 향해서 나아가는 마음의 노래다. 칼릴 지브란

년	월	일

기도 제목

기도 내용

읽은 말씀

응답 과정

응답 결과 Yes No Wait

년	월	일

기도 제목

기도 내용

읽은 말씀

응답 과정

응답 결과 Yes No Wait

하나님은 세상을 기도로 조성하신다. E. M. 바운즈

년 월 일

기도 제목

기도 내용

읽은 말씀

응답 과정

응답 결과 Yes No Wait

년 월 일

기도 제목

기도 내용

읽은 말씀

응답 과정

응답 결과 Yes No Wait

땅의 모든 것들은 사라져버릴 것이다. 그러나 기도는 영원을 붙든다. H. 비커스테스

년 월 일

기도 제목

기도 내용

읽은 말씀

응답 과정

응답 결과 Yes No Wait

년 월 일

기도 제목

기도 내용

읽은 말씀

응답 과정

응답 결과 Yes No Wait

하나님께 위대한 일을 기대하라. 하나님을 위해 위대한 일을 도모하라. 윌리엄 캐리

년 월 일

기도 제목

기도 내용

읽은 말씀

응답 과정

응답 결과 Yes No Wait

년 월 일

기도 제목

기도 내용

읽은 말씀

응답 과정

응답 결과 Yes No Wait

기도는 부탁하는 것이 아니다. 그것은 영혼의 갈망이다. 간디

년 월 일

기도 제목

기도 내용

읽은 말씀

응답 과정

응답 결과 Yes No Wait

년 월 일

기도 제목

기도 내용

읽은 말씀

응답 과정

응답 결과 Yes No Wait

기도는 서로 사랑하는 두 인격 사이의 대화다. 로절린 링커

년 월 일

기도 제목

기도 내용

읽은 말씀

응답 과정

응답 결과 Yes No Wait

년 월 일

기도 제목

기도 내용

읽은 말씀

응답 과정

응답 결과 Yes No Wait

기도는 사람의 영혼을 내쉬고 하나님의 영을 들이마시는 것이다. 에드윈 키스

년 월 일

기도 제목

기도 내용

읽은 말씀

응답 과정

응답 결과 Yes No Wait

년 월 일

기도 제목

기도 내용

읽은 말씀

응답 과정

응답 결과 Yes No Wait

기도란 하나님과의 깊은 사귐이다. 존 웨슬리

년 월 일

기도 제목

기도 내용

읽은 말씀

응답 과정

응답 결과 Yes No Wait

년 월 일

기도 제목

기도 내용

읽은 말씀

응답 과정

응답 결과 Yes No Wait

결코 기도하지 않는 사람들에게 언제나 기도하는 사람이 필요하다. 빅토르 위고

년 월 일

기도 제목

기도 내용

읽은 말씀

응답 과정

응답 결과 Yes No Wait

년 월 일

기도 제목

기도 내용

읽은 말씀

응답 과정

응답 결과 Yes No Wait

기도란 그리스도의 능력을 붙잡는 손이다. 조지 뮬러

년	월	일

기도 제목

기도 내용

읽은 말씀

응답 과정

응답 결과 Yes No Wait

년	월	일

기도 제목

기도 내용

읽은 말씀

응답 과정

응답 결과 Yes No Wait

우리 능력은 한계를 느끼나 하나님의 능력이 한계에 도달하는 일은 없다. 허드슨 테일러

년 월 일

기도 제목

기도 내용

읽은 말씀

응답 과정

응답 결과 Yes No Wait

년 월 일

기도 제목

기도 내용

읽은 말씀

응답 과정

응답 결과 Yes No Wait

기도는 감옥을 하늘의 입구로 바꾸기도 한다. R. A. 토레이

년 월 일

기도 제목

기도 내용

읽은 말씀

응답 과정

응답 결과 Yes No Wait

년 월 일

기도 제목

기도 내용

읽은 말씀

응답 과정

응답 결과 Yes No Wait

하나님이 하실 일은 그의 능력을 보이는 것이요, 우리의 할 일은 믿음을 보이는 것이다.

앤드류 보나르

년 월 일

기도 제목

기도 내용

읽은 말씀

응답 과정

응답 결과 Yes No Wait

년 월 일

기도 제목

기도 내용

읽은 말씀

응답 과정

응답 결과 Yes No Wait

기도는 영혼의 방패요, 하나님께 드리는 제물이며, 사탄을 향한 채찍이다. 존 번연

년 월 일

기도 제목

기도 내용

읽은 말씀

응답 과정

응답 결과 Yes No Wait

년 월 일

기도 제목

기도 내용

읽은 말씀

응답 과정

응답 결과 Yes No Wait

기도는 주님의 현존을 체험하는 것이다. 미상

년 월 일

기도 제목

기도 내용

읽은 말씀

응답 과정

응답 결과 Yes No Wait

년 월 일

기도 제목

기도 내용

읽은 말씀

응답 과정

응답 결과 Yes No Wait

시작이 반이다. 그러나 기도 없이 시작된 일은 결코 좋은 시작일 수 없다. 펜스 하우

년 월 일

기도 제목

기도 내용

읽은 말씀

응답 과정

응답 결과 Yes No Wait

년 월 일

기도 제목

기도 내용

읽은 말씀

응답 과정

응답 결과 Yes No Wait

믿음이 없는 기도는 열매도 없다. 토마스 왓슨

년 월 일

기도 제목

기도 내용

읽은 말씀

응답 과정

응답 결과 Yes No Wait

년 월 일

기도 제목

기도 내용

읽은 말씀

응답 과정

응답 결과 Yes No Wait

기도는 우리가 이미 가진 힘에 능력을 더하는 수단이다. 해리 T. 스톡

년 월 일

기도 제목

기도 내용

읽은 말씀

응답 과정

응답 결과 Yes No Wait

년 월 일

기도 제목

기도 내용

읽은 말씀

응답 과정

응답 결과 Yes No Wait

기도하지 않고 성공했다면 성공한 그것 때문에 망한다. 찰스 H. 스펄전

년 월 일

기도 제목

기도 내용

읽은 말씀

응답 과정

응답 결과 Yes No Wait

년 월 일

기도 제목

기도 내용

읽은 말씀

응답 과정

응답 결과 Yes No Wait

기도의 응답이 지연되는 것과 거절당하는 것을 구별해야 한다. 토머스 브룩스

년 월 일

기도 제목

기도 내용

읽은 말씀

응답 과정

응답 결과 Yes No Wait

년 월 일

기도 제목

기도 내용

읽은 말씀

응답 과정

응답 결과 Yes No Wait

하루 중 최상의 시간을 하나님과의 교제를 위해 할애하라. 테일러

년 월 일

기도 제목

기도 내용

읽은 말씀

응답 과정

응답 결과 Yes No Wait

년 월 일

기도 제목

기도 내용

읽은 말씀

응답 과정

응답 결과 Yes No Wait

하나님과 나누는 고요한 시간은 생애 전체와 맞바꿀 만한 가치가 있다. 로버트 머리 맥체인

년 월 일

기도 제목

기도 내용

읽은 말씀

응답 과정

응답 결과 Yes No Wait

년 월 일

기도 제목

기도 내용

읽은 말씀

응답 과정

응답 결과 Yes No Wait

기도하는 한 사람이 기도하지 않는 한 민족보다 강하다. 존 녹스

년 월 일

기도 제목

기도 내용

읽은 말씀

응답 과정

응답 결과 Yes No Wait

년 월 일

기도 제목

기도 내용

읽은 말씀

응답 과정

응답 결과 Yes No Wait

당신도 쉬지 말며, 여호와께서도 쉬지 못하시게 하라. 데이비드 브라이언트

년 월 일

기도 제목

기도 내용

읽은 말씀

응답 과정

응답 결과 Yes No Wait

년 월 일

기도 제목

기도 내용

읽은 말씀

응답 과정

응답 결과 Yes No Wait

가슴 없는 말보다는 말 없는 가슴으로 기도하는 것이 더 효과적이다. 존 번연

년 월 일

기도 제목

기도 내용

읽은 말씀

응답 과정

응답 결과 Yes No Wait

년 월 일

기도 제목

기도 내용

읽은 말씀

응답 과정

응답 결과 Yes No Wait

기도는 하나님의 승리를 열렬하게 원하고 바라고 소원하는 삶이다. 조지 캠벨 모건

년 월 일

기도 제목

기도 내용

읽은 말씀

응답 과정

응답 결과 Yes No Wait

년 월 일

기도 제목

기도 내용

읽은 말씀

응답 과정

응답 결과 Yes No Wait

당신의 희망이 무너지고 기쁨이 거꾸러졌을 때 가장 좋은 방법은 무릎을 꿇는 것이다.
찰스 H. 스펄전

년 월 일

기도 제목

기도 내용

읽은 말씀

응답 과정

응답 결과 Yes No Wait

년 월 일

기도 제목

기도 내용

읽은 말씀

응답 과정

응답 결과 Yes No Wait

옷을 만드는 것은 재단사의 일이고, 구두를 수선하는 것은 구두장이의 일이고, 기도하는 것은 그리스도인의 일이다. E. M. 바운즈

년 월 일

기도 제목

기도 내용

읽은 말씀

응답 과정

응답 결과 Yes No Wait

년 월 일

기도 제목

기도 내용

읽은 말씀

응답 과정

응답 결과 Yes No Wait

기도는 하나님의 은혜와 능력이 가득 쌓여 있는 창고문을 여는 열쇠다. 대천덕

년 월 일

기도 제목

기도 내용

읽은 말씀

응답 과정

응답 결과 Yes No Wait

년 월 일

기도 제목

기도 내용

읽은 말씀

응답 과정

응답 결과 Yes No Wait

두 손을 모으는 것은 세상을 새롭게 하는 생동의 시작이다. 칼 바르트

년 월 일

기도 제목

기도 내용

읽은 말씀

응답 과정

응답 결과 Yes No Wait

년 월 일

기도 제목

기도 내용

읽은 말씀

응답 과정

응답 결과 Yes No Wait

진정한 기도는 입술의 말이 아니라 마음 자세에 있다. 어니스트 티틀

년 월 일

기도 제목

기도 내용

읽은 말씀

응답 과정

응답 결과 Yes No Wait

년 월 일

기도 제목

기도 내용

읽은 말씀

응답 과정

응답 결과 Yes No Wait

그의 은혜와 능력은 심히 커서 아무리 구해도 다함이 없다. 존 뉴턴

년 월 일

기도 제목

기도 내용

읽은 말씀

응답 과정

응답 결과 Yes No Wait

년 월 일

기도 제목

기도 내용

읽은 말씀

응답 과정

응답 결과 Yes No Wait

중요한 것은 우리가 하나님을 위해 하는 일이 아니라 하나님께서 우리를 통해 하시는 일이다.

오스왈드 챔버스

년 월 일

기도 제목

기도 내용

읽은 말씀

응답 과정

응답 결과 Yes No Wait

년 월 일

기도 제목

기도 내용

읽은 말씀

응답 과정

응답 결과 Yes No Wait

기도는 하나님을 바꾸지 않고 기도하는 사람을 바꾼다. 키르케고르

년 월 일

기도 제목

기도 내용

읽은 말씀

응답 과정

응답 결과 Yes No Wait

년 월 일

기도 제목

기도 내용

읽은 말씀

응답 과정

응답 결과 Yes No Wait

하나님은 기도하지 않는 사람들로 인해 애를 태우신다. 무디

년 월 일

기도 제목

기도 내용

읽은 말씀

응답 과정

응답 결과 Yes No Wait

년 월 일

기도 제목

기도 내용

읽은 말씀

응답 과정

응답 결과 Yes No Wait

말을 적게 할수록 기도를 많이 하게 된다. 마르틴 루터

년 월 일

기도 제목

기도 내용

읽은 말씀

응답 과정

응답 결과 Yes No Wait

년 월 일

기도 제목

기도 내용

읽은 말씀

응답 과정

응답 결과 Yes No Wait

기도는 어둠 속에서 하나님을 볼 수 있는 거울이다. 빌리 그레이엄

년	월	일

기도 제목

기도 내용

읽은 말씀

응답 과정

응답 결과 Yes No Wait

년	월	일

기도 제목

기도 내용

읽은 말씀

응답 과정

응답 결과 Yes No Wait

무릎을 꿇은 그리스도인은 발돋움을 한 천문학자보다 더 멀리 본다. A. 토플레디

년 월 일

기도 제목

기도 내용

읽은 말씀

응답 과정

응답 결과 Yes No Wait

년 월 일

기도 제목

기도 내용

읽은 말씀

응답 과정

응답 결과 Yes No Wait

기도할 때는, 모든 것이 하나님께 달려 있는 것처럼 간절히 기도하라. 그러고 나서 일할 때는, 모든 것이 당신에게 달려 있는 것처럼 최선을 다해 일하라. 마르틴 루터

년 월 일

기도 제목

기도 내용

읽은 말씀

응답 과정

응답 결과 Yes No Wait

년 월 일

기도 제목

기도 내용

읽은 말씀

응답 과정

응답 결과 Yes No Wait

기도는 하늘에 계신 아버지의 품 안에서 영혼이 호흡하는 것이다. 토머스 왓슨

년	월	일

기도 제목

기도 내용

읽은 말씀

응답 과정

응답 결과 Yes No Wait

년	월	일

기도 제목

기도 내용

읽은 말씀

응답 과정

응답 결과 Yes No Wait

하나님께서 당신의 기도를 들어주시기를 바란다면, 그분이 말씀하실 때 들어야 한다. 필립 브룩스

년 월 일

기도 제목

기도 내용

읽은 말씀

응답 과정

응답 결과 Yes No Wait

년 월 일

기도 제목

기도 내용

읽은 말씀

응답 과정

응답 결과 Yes No Wait

제게 기도를 가르쳐주십시오. 당신이 직접 제 안에서 기도해주십시오. 프랑수아 페늘롱

년 월 일

기도 제목

기도 내용

읽은 말씀

응답 과정

응답 결과 Yes No Wait

년 월 일

기도 제목

기도 내용

읽은 말씀

응답 과정

응답 결과 Yes No Wait

응답받을 기도가 되려면 하나님의 뜻과 마음의 간결함이 조화를 이루어야 한다. 존 트랩

년	월	일

기도 제목

기도 내용

읽은 말씀

응답 과정

응답 결과 Yes No Wait

년	월	일

기도 제목

기도 내용

읽은 말씀

응답 과정

응답 결과 Yes No Wait

기도하지 않는 사람은 뿌리 없는 나무와 같다. 교황 피우스 12세

년 월 일

기도 제목

기도 내용

읽은 말씀

응답 과정

응답 결과 Yes No Wait

년 월 일

기도 제목

기도 내용

읽은 말씀

응답 과정

응답 결과 Yes No Wait

기도는 아침의 열쇠요 저녁의 자물쇠다. 빌리 그레이엄

년	월	일

기도 제목

기도 내용

읽은 말씀

응답 과정

응답 결과 Yes No Wait

년	월	일

기도 제목

기도 내용

읽은 말씀

응답 과정

응답 결과 Yes No Wait

기도란 외로운 독백이 아니요, 다정한 담화다. 모랜드

년 월 일

기도 제목

기도 내용

읽은 말씀

응답 과정

응답 결과 Yes No Wait

년 월 일

기도 제목

기도 내용

읽은 말씀

응답 과정

응답 결과 Yes No Wait

기도란 우리가 어둠 속에서 하나님을 볼 수 있는 거울이다. 헵벨

년	월	일

기도 제목

기도 내용

읽은 말씀

응답 과정

응답 결과 Yes No Wait

년	월	일

기도 제목

기도 내용

읽은 말씀

응답 과정

응답 결과 Yes No Wait

기도란 하나님의 영향권 안에 들어가는 것이다. 포스딕

년 월 일

기도 제목

기도 내용

읽은 말씀

응답 과정

응답 결과 Yes No Wait

년 월 일

기도 제목

기도 내용

읽은 말씀

응답 과정

응답 결과 Yes No Wait

기도로 시작하지 않는 사람은 평안을 맛보지 못할 것이다. 존 플라벨

년 월 일

기도 제목

기도 내용

읽은 말씀

응답 과정

응답 결과 Yes No Wait

년 월 일

기도 제목

기도 내용

읽은 말씀

응답 과정

응답 결과 Yes No Wait

기도를 게을리한 자는 결코 승자가 될 수 없다. 로버트

년	월	일

기도 제목

기도 내용

읽은 말씀

응답 과정

응답 결과 Yes No Wait

년	월	일

기도 제목

기도 내용

읽은 말씀

응답 과정

응답 결과 Yes No Wait

기도란 갓 태어난 영혼의 숨결과 같으며, 그것 없이 그리스도인의 생애는 존재할 수 없다. 힐

년 월 일

기도 제목

기도 내용

읽은 말씀

응답 과정

응답 결과 Yes No Wait

년 월 일

기도 제목

기도 내용

읽은 말씀

응답 과정

응답 결과 Yes No Wait

하늘이 무너질 때 두 손을 모으라. 스페인 격언

년 월 일

기도 제목

기도 내용

읽은 말씀

응답 과정

응답 결과 Yes No Wait

년 월 일

기도 제목

기도 내용

읽은 말씀

응답 과정

응답 결과 Yes No Wait

인간은 하나님 앞에 무릎으로 서 있는 존재다. 로버트 머리 맥체인

년 월 일

기도 제목

기도 내용

읽은 말씀

응답 과정

응답 결과 Yes No Wait

년 월 일

기도 제목

기도 내용

읽은 말씀

응답 과정

응답 결과 Yes No Wait

감사한 마음을 하늘로 올려드리는 것이야말로 가장 완벽한 기도다. 갓필드 레싱

년 월 일

기도 제목

기도 내용

읽은 말씀

응답 과정

응답 결과 Yes No Wait

년 월 일

기도 제목

기도 내용

읽은 말씀

응답 과정

응답 결과 Yes No Wait

기도는 하지 않을수록 더 어려워지고 할수록 더 잘되는 법이다. 마르틴 루터

년 월 일

기도 제목

기도 내용

읽은 말씀

응답 과정

응답 결과 Yes No Wait

년 월 일

기도 제목

기도 내용

읽은 말씀

응답 과정

응답 결과 Yes No Wait

위대한 그리스도인들의 업적은 한결같이 응답받은 기도의 역사다. E. M. 바운즈

년 월 일

기도 제목

기도 내용

읽은 말씀

응답 과정

응답 결과 Yes No Wait

년 월 일

기도 제목

기도 내용

읽은 말씀

응답 과정

응답 결과 Yes No Wait

기도 시간은 무한한 존재, 곧 하나님에 대한 자신의 마음 자세를 점검하는 시간이다. **톨스토이**

년 월 일

기도 제목

기도 내용

읽은 말씀

응답 과정

응답 결과 Yes No Wait

년 월 일

기도 제목

기도 내용

읽은 말씀

응답 과정

응답 결과 Yes No Wait

믿음은 근육과 같고 기도는 이를 강하게 하는 운동과 같다. 미상

년 월 일

기도 제목

기도 내용

읽은 말씀

응답 과정

응답 결과 Yes No Wait

년 월 일

기도 제목

기도 내용

읽은 말씀

응답 과정

응답 결과 Yes No Wait

기도의 목적은 우리가 하나님과 동행하도록 만드는 것이다. 레오 벡

년	월	일

기도 제목

기도 내용

읽은 말씀

응답 과정

응답 결과 Yes No Wait

년	월	일

기도 제목

기도 내용

읽은 말씀

응답 과정

응답 결과 Yes No Wait

밤에 하는 나의 기도는 낮 동안의 원기의 샘물이다. 나이팅게일

년 월 일

기도 제목

기도 내용

읽은 말씀

응답 과정

응답 결과 Yes No Wait

년 월 일

기도 제목

기도 내용

읽은 말씀

응답 과정

응답 결과 Yes No Wait

믿음이 없는 기도는 열매도 없다. 토머스 왓슨

년	월	일

기도 제목

기도 내용

읽은 말씀

응답 과정

응답 결과 Yes No Wait

년	월	일

기도 제목

기도 내용

읽은 말씀

응답 과정

응답 결과 Yes No Wait

자주 기도하라. 왜냐하면 기도는 사탄에게 두통거리가 되기 때문이다. 존 번연

년 월 일

기도 제목

기도 내용

읽은 말씀

응답 과정

응답 결과 Yes No Wait

년 월 일

기도 제목

기도 내용

읽은 말씀

응답 과정

응답 결과 Yes No Wait

모든 것을 위해 기도하라. 모든 것에 대해 감사하라. 무디

년 월 일	년 월 일
기도 제목	**기도 제목**
기도 내용	**기도 내용**
읽은 말씀	읽은 말씀
응답 과정	응답 과정
응답 결과 Yes No Wait	응답 결과 Yes No Wait

모든 것이 감당하기 너무 벅찰 때 나는 기도하게 된다. 링컨

년	월	일

기도 제목

기도 내용

읽은 말씀

응답 과정

응답 결과 Yes No Wait

년	월	일

기도 제목

기도 내용

읽은 말씀

응답 과정

응답 결과 Yes No Wait

하나님을 두려워하는 사람은 다른 아무것도 두려워하지 않는다. 그러나 하나님을 두려워하지 않는 사람은 다른 모든 것을 두려워한다. 마하트마 간디

년 월 일

기도 제목

기도 내용

읽은 말씀

응답 과정

응답 결과 Yes No Wait

년 월 일

기도 제목

기도 내용

읽은 말씀

응답 과정

응답 결과 Yes No Wait

기도는 기도한 것이 성취될 수 있게 하는 개인적 행위를 반드시 포함하고 있으며, 그것을 전제하고 있다. 슐라이어마허

년 월 일	년 월 일
기도 제목	**기도 제목**
기도 내용	**기도 내용**
읽은 말씀	읽은 말씀
응답 과정	응답 과정
응답 결과 Yes No Wait	응답 결과 Yes No Wait

기도하는 자에게 환난은 오래 머물지 않고 지나간다. 아이스킬로스

년 월 일

기도 제목

기도 내용

읽은 말씀

응답 과정

응답 결과 Yes No Wait

년 월 일

기도 제목

기도 내용

읽은 말씀

응답 과정

응답 결과 Yes No Wait

기도는 하나님의 자녀들의 합리적인 특권이다. 윌리엄 워즈워스

년	월	일

기도 제목

기도 내용

읽은 말씀

응답 과정

응답 결과 Yes No Wait

년	월	일

기도 제목

기도 내용

읽은 말씀

응답 과정

응답 결과 Yes No Wait

편하고 쉬운 인생을 주십사고 기도하지 말고, 모든 인생의 환경에 승리할 수 있는 능력을 주십사고 기도하라. 브룩스

년 월 일

기도 제목

기도 내용

읽은 말씀

응답 과정

응답 결과 Yes No Wait

년 월 일

기도 제목

기도 내용

읽은 말씀

응답 과정

응답 결과 Yes No Wait

마른 눈 가지고는 천국에 못 들어간다. 찰스 H. 스펄전

년 월 일

기도 제목

기도 내용

읽은 말씀

응답 과정

응답 결과 Yes No Wait

년 월 일

기도 제목

기도 내용

읽은 말씀

응답 과정

응답 결과 Yes No Wait

성자를 만들어내는 것은 기도의 힘이다. E. M. 바운즈

년 월 일

기도 제목

기도 내용

읽은 말씀

응답 과정

응답 결과 Yes No Wait

년 월 일

기도 제목

기도 내용

읽은 말씀

응답 과정

응답 결과 Yes No Wait

사람이 자기의 의견과 소원을 초월하여 자기의 마음을 향상시키고 자기의 주의를 하나님께 집중시키는 것이 기도의 제일 중요한 일이다. 어니스트 티틀

년 월 일

기도 제목

기도 내용

읽은 말씀

응답 과정

응답 결과 Yes No Wait

년 월 일

기도 제목

기도 내용

읽은 말씀

응답 과정

응답 결과 Yes No Wait

잘 기도한 자는 잘 배운 자요, 많이 기도한 자는 많이 운 자다. 마르틴 루터

년 월 일

기도 제목

기도 내용

읽은 말씀

응답 과정

응답 결과 Yes No Wait

년 월 일

기도 제목

기도 내용

읽은 말씀

응답 과정

응답 결과 Yes No Wait

어려운 환경인데 기도하고 싶은 마음마저 없다면 우리는 짐승만도 못한 사람들이 아닐 수 없다. 장 칼뱅

년 월 일

기도 제목

기도 내용

읽은 말씀

응답 과정

응답 결과 Yes No Wait

년 월 일

기도 제목

기도 내용

읽은 말씀

응답 과정

응답 결과 Yes No Wait

기도는 하나님의 심정에 이르게 하는 것이다. 제레미 테일러

년 월 일

기도 제목

기도 내용

읽은 말씀

응답 과정

응답 결과 Yes No Wait

년 월 일

기도 제목

기도 내용

읽은 말씀

응답 과정

응답 결과 Yes No Wait

하나님께서 우리에게 말씀하실 것은 우리가 하나님께 말씀드려야 할 것보다 더욱 중요한 것이다. 마클라 쉴란

년 월 일

기도 제목

기도 내용

읽은 말씀

응답 과정

응답 결과 Yes No Wait

년 월 일

기도 제목

기도 내용

읽은 말씀

응답 과정

응답 결과 Yes No Wait

기도는 끊임없이 쏟아져 나오는 사랑의 응답이며, 모든 영혼을 인도하시는 하나님과 사귀는 길이다. D. 스티어

년 월 일

기도 제목

기도 내용

읽은 말씀

응답 과정

응답 결과 Yes No Wait

년 월 일

기도 제목

기도 내용

읽은 말씀

응답 과정

응답 결과 Yes No Wait

기도는 사람으로 하여금 죄를 그치게끔 하고 죄는 사람으로 하여금 기도를 그치게끔 한다.
존 번연

년 월 일

기도 제목

기도 내용

읽은 말씀

응답 과정

응답 결과 Yes No Wait

년 월 일

기도 제목

기도 내용

읽은 말씀

응답 과정

응답 결과 Yes No Wait

오늘 교회에 절실한 것은 성령님이 사용하시는 기도의 사람, 기도의 용사들이다. E. M. 바운즈

년 월 일

기도 제목

기도 내용

읽은 말씀

응답 과정

응답 결과 Yes No Wait

년 월 일

기도 제목

기도 내용

읽은 말씀

응답 과정

응답 결과 Yes No Wait

우리가 비록 횡설수설 기도해도 하나님은 요점을 알아차리신다. 리처드 시베스

년 월 일

기도 제목

기도 내용

읽은 말씀

응답 과정

응답 결과 Yes No Wait

년 월 일

기도 제목

기도 내용

읽은 말씀

응답 과정

응답 결과 Yes No Wait

그대가 무릎을 꿇고 기도한다면 비틀거릴 수 없을 것이다. 미상

년 월 일

기도 제목

기도 내용

읽은 말씀

응답 과정

응답 결과 Yes No Wait

년 월 일

기도 제목

기도 내용

읽은 말씀

응답 과정

응답 결과 Yes No Wait

기도는 우리가 믿음으로 발견한 주님의 복음에 들어 있는 보물을 파내는 것이다. 장 칼뱅

년 월 일

기도 제목

기도 내용

읽은 말씀

응답 과정

응답 결과 Yes No Wait

년 월 일

기도 제목

기도 내용

읽은 말씀

응답 과정

응답 결과 Yes No Wait

자녀에게 기도하는 법을 가르치는 부모보다 더 좋은 국민은 없다. 미상

년 월 일

기도 제목

기도 내용

읽은 말씀

응답 과정

응답 결과 Yes No Wait

년 월 일

기도 제목

기도 내용

읽은 말씀

응답 과정

응답 결과 Yes No Wait

천사는 베드로를 감옥에서 나오게 했지만, 천사를 나오게 한 것은 기도였다. 토마스 왓슨

년 월 일

기도 제목

기도 내용

읽은 말씀

응답 과정

응답 결과 Yes No Wait

년 월 일

기도 제목

기도 내용

읽은 말씀

응답 과정

응답 결과 Yes No Wait

뜨거움이 없는 기도는 항상 하늘에 닿기 전에 얼어버린다. 노마스 브룩스

기도 일반

신명기 30:9 네가 … 네 하나님께 돌아오면 네 하나님 여호와께서 네 손으로 하는 모든 일과 … 네게 복을 주시리라

시편 23:1-2 여호와는 나의 목자시니 내게 부족함이 없으리로다 그가 나를 푸른 풀밭에 누이시며 쉴 만한 물 가로 인도하시는도다

시편 33:22 여호와여 우리가 주께 바라는 대로 주의 인자하심을 우리에게 베푸소서

시편 37:4 여호와를 기뻐하라 그가 네 마음의 소원을 네게 이루어 주시리로다

시편 84:8 만군의 하나님 여호와여 내 기도를 들으소서 야곱의 하나님이여 귀를 기울이소서

시편 102:17 여호와께서 빈궁한 자의 기도를 돌아보시며 그들의 기도를 멸시하지 아니하셨도다

시편 146:5 야곱의 하나님을 자기의 도움으로 삼으며 여호와 자기 하나님에게 자기의 소망을 두는 자는 복이 있도다

잠언 15:8 악인의 제사는 여호와께서 미워하셔도 정직한 자의 기도는 그가 기뻐하시느니라

마가복음 9:29 기도 외에 다른 것으로는 이런 종류가 나갈 수 없느니라 하시니라

로마서 8:15 무서워하는 종의 영을 받지 아니하고 양자의 영을 받았으

므로 우리가 아빠 아버지라고 부르짖느니라

로마서 8:26 우리는 마땅히 기도할 바를 알지 못하나 오직 성령이 말할 수 없는 탄식으로 우리를 위하여 친히 간구하시느니라

에베소서 6:18 모든 기도와 간구를 하되 항상 성령 안에서 기도하고 이를 위하여 깨어 구하기를 항상 힘쓰며 여러 성도를 위하여 구하라

빌립보서 4:6 아무것도 염려하지 말고 다만 모든 일에 기도와 간구로, 너희 구할 것을 감사함으로 하나님께 아뢰라

골로새서 3:2 위의 것을 생각하고 땅의 것을 생각하지 말라

골로새서 4:2 기도를 계속하고 기도에 감사함으로 깨어 있으라

히브리서 4:16 그러므로 우리는 긍휼하심을 받고 때를 따라 돕는 은혜를 얻기 위하여 은혜의 보좌 앞에 담대히 나아갈 것이니라

야고보서 5:13 너희 중에 고난당하는 자가 있느냐 그는 기도할 것이요

베드로전서 4:7 만물의 마지막이 가까이 왔으니 그러므로 너희는 정신을 차리고 근신하여 기도하라

치유를 위한 기도

출애굽기 15:26 나는 너희를 치료하는 여호와임이라

역대하 30:20 여호와께서 히스기야의 기도를 들으시고 백성을 고치셨더라

욥기 10:11-12 피부와 살을 내게 입히시며 뼈와 힘줄로 나를 엮으시고 생명과 은혜를 내게 주시고 나를 보살피심으로 내 영을 지키셨나이다

이사야 38:16 주여 사람이 사는 것이 이에 있고 내 심령의 생명도 온전히 거기에 있사오니 원하건대 나를 치료하시며 나를 살려 주옵소서

시편 6:2 여호와여 내가 수척하였사오니 내게 은혜를 베푸소서 여호와여 나의 뼈가 떨리오니 나를 고치소서

시편 71:8-9 주를 찬송함과 주께 영광 돌림이 종일토록 내 입에 가득하리이다 늙을 때에 나를 버리지 마시며 내 힘이 쇠약할 때에 나를 떠나지 마소서

시편 103:3-4 그가 네 모든 죄악을 사하시며 네 모든 병을 고치시며 네 생명을 파멸에서 속량하시고 인자와 긍휼로 관을 씌우시며

예레미야 17:14 여호와여 주는 나의 찬송이시오니 나를 고치소서 그리하시면 내가 낫겠나이다 나를 구원하소서 그리하시면 내가 구원을 얻으리이다

호세아 6:1 오라 우리가 여호와께로 돌아가자 여호와께서 우리를 찢으셨으나 도로 낫게 하실 것이요 우리를 치셨으나 싸매어 주실 것임이라

말라기 4:2 내 이름을 경외하는 너희에게는 공의로운 해가 떠올라서 치료하는 광선을 비추리니 너희가 나가서 외양간에서 나온 송아지같이 뛰리라

마태복음 8:7　이르시되 내가 가서 고쳐 주리라

마태복음 8:15　그의 손을 만지시니 열병이 떠나가고 여인이 일어나서 예수께 수종들더라

마가복음 5:41　그 아이의 손을 잡고 이르시되 달리다굼 하시니 번역하면 곧 내가 네게 말하노니 소녀야 일어나라 하심이라

누가복음 8:48　예수께서 이르시되 딸아 네 믿음이 너를 구원하였으니 평안히 가라 하시더라

야고보서 5:15　믿음의 기도는 병든 자를 구원하리니 주께서 그를 일으키시리라

야고보서 5:16　너희 죄를 서로 고백하며 병이 낫기를 위하여 서로 기도하라 의인의 간구는 역사하는 힘이 큼이니라

확신을 바라는 기도

신명기 29:9　그런즉 너희는 이 언약의 말씀을 지켜 행하라 그리하면 너희가 하는 모든 일이 형통하리라

시편 3:3-4　여호와여 주는 나의 방패시요 나의 영광이시요 나의 머리를 드시는 자이시니이다 내가 나의 목소리로 여호와께 부르짖으니 그의 성산에서 응답하시는도다

시편 66:19 하나님이 실로 들으셨음이여 내 기도 소리에 귀를 기울이셨도다

시편 111:5 여호와께서 자기를 경외하는 자들에게 양식을 주시며 그의 언약을 영원히 기억하시리로다

잠언 16:3 너의 행사를 여호와께 맡기라 그리하면 네가 경영하는 것이 이루어지리라

시편 116:2 그의 귀를 내게 기울이셨으므로 내가 평생에 기도하리로다

이사야 43:18-19 너희는 이전 일을 기억하지 말며 옛날 일을 생각하지 말라 보라 내가 새 일을 행하리니 이제 나타낼 것이라

예레미야 29:12 너희가 내게 부르짖으며 내게 와서 기도하면 내가 너희들의 기도를 들을 것이요

마태복음 21:22 너희가 기도할 때에 무엇이든지 믿고 구하는 것은 다 받으리라 하시니라

마가복음 11:24 내가 너희에게 말하노니 무엇이든지 기도하고 구하는 것은 받은 줄로 믿으라

빌립보서 1:6 너희 안에서 착한 일을 시작하신 이가 그리스도 예수의 날까지 이루실 줄을 우리는 확신하노라

히브리서 13:8 예수 그리스도는 어제나 오늘이나 영원토록 동일하시니라

믿음을 위한 기도

시편 34:9　너희 성도들아 여호와를 경외하라 그를 경외하는 자에게는 부족함이 없도다

시편 34:17　의인이 부르짖으매 여호와께서 들으시고 그들의 모든 환난에서 건지셨도다

시편 37:3　여호와를 의뢰하고 선을 행하라 땅에 머무는 동안 그의 성실을 먹을거리로 삼을지어다

시편 90:12　우리에게 우리 날 계수함을 가르치사 지혜로운 마음을 얻게 하소서

시편 119:73　주의 손이 나를 만들고 세우셨사오니 내가 깨달아 주의 계명들을 배우게 하소서

잠언 3:5-6　너는 마음을 다하여 여호와를 신뢰하고 네 명철을 의지하지 말라 너는 범사에 그를 인정하라 그리하면 네 길을 지도하시리라

이사야 60:1　일어나라 빛을 발하라 이는 네 빛이 이르렀고 여호와의 영광이 네 위에 임하였음이니라

마태복음 26:41　시험에 들지 않게 깨어 기도하라 마음에는 원이로되 육신이 약하도다

누가복음 6:28　너희를 저주하는 자를 위하여 축복하며 너희를 모욕하는 자를 위하여 기도하라

누가복음 22:46　어찌하여 자느냐 시험에 들지 않게 일어나 기도하라 하

시니라

요한복음 8:32 진리를 알지니 진리가 너희를 자유롭게 하리라

로마서 12:11 부지런하여 게으르지 말고 열심을 품고 주를 섬기라

고린도전서 14:15 내가 영으로 기도하고 또 마음으로 기도하며 내가 영으로 찬송하고 또 마음으로 찬송하리라

갈라디아서 6:10 그러므로 우리는 기회 있는 대로 모든 이에게 착한 일을 하되 더욱 믿음의 가정들에게 할지니라

에베소서 4:15 오직 사랑 안에서 참된 것을 하여 범사에 그에게까지 자랄지라 그는 머리니 곧 그리스도라

에베소서 4:24 하나님을 따라 의와 진리의 거룩함으로 지으심을 받은 새 사람을 입으라

에베소서 4:26-27 분을 내어도 죄를 짓지 말며 해가 지도록 분을 품지 말고 마귀에게 틈을 주지 말라

빌립보서 2:12 나의 사랑하는 자들아 너희가 나 있을 때뿐 아니라 더욱 지금 나 없을 때에도 항상 복종하여 두렵고 떨림으로 너희 구원을 이루라

빌립보서 4:9 너희는 내게 배우고 받고 듣고 본 바를 행하라 그리하면 평강의 하나님이 너희와 함께 계시리라

야고보서 1:4 인내를 온전히 이루라 이는 너희로 온전하고 구비하여 조금도 부족함이 없게 하려 함이라

야고보서 1:12 시험을 참는 자는 복이 있나니 이는 시련을 견디어 낸 자

가 주께서 자기를 사랑하는 자들에게 약속하신 생명의 면류관을 얻을 것이기 때문이라

베드로후서 1:7 경건에 형제 우애를, 형제 우애에 사랑을 더하라

유다서 1:20 사랑하는 자들아 너희는 너희의 지극히 거룩한 믿음 위에 자신을 세우며 성령으로 기도하며

요한일서 3:23 그의 계명은 이것이니 곧 그 아들 예수 그리스도의 이름을 믿고 그가 우리에게 주신 계명대로 서로 사랑할 것이니라

요한일서 5:3 하나님을 사랑하는 것은 이것이니 우리가 그의 계명들을 지키는 것이라 그의 계명들은 무거운 것이 아니로다

요한계시록 2:10 너는 장차 받을 고난을 두려워하지 말라 … 네가 죽도록 충성하라 그리하면 내가 생명의 관을 네게 주리라

감사드리는 기도

시편 30:4 주의 성도들아 여호와를 찬송하며 그의 거룩함을 기억하며 감사하라

시편 100:4 감사함으로 그의 문에 들어가며 찬송함으로 그의 궁정에 들어가서 그에게 감사하며 그의 이름을 송축할지어다

시편 106:1 할렐루야 여호와께 감사하라 그는 선하시며 그 인자하심이

영원함이로다

고린도전서 15:57 우리 주 예수 그리스도로 말미암아 우리에게 승리를 주시는 하나님께 감사하노니

골로새서 3:17 또 무엇을 하든지 말에나 일에나 다 주 예수의 이름으로 하고 그를 힘입어 하나님 아버지께 감사하라

골로새서 4:2 기도를 계속하고 기도에 감사함으로 깨어 있으라

데살로니가전서 5:16-18 항상 기뻐하라 쉬지 말고 기도하라 범사에 감사하라 이것이 그리스도 예수 안에서 너희를 향하신 하나님의 뜻이니라

위로를 바라는 기도

출애굽기 34:6 여호와라 여호와라 자비롭고 은혜롭고 노하기를 더디 하고 인자와 진실이 많은 하나님이라

민수기 6:26 여호와는 그 얼굴을 네게로 향하여 드사 평강 주시기를 원하노라

시편 116:15 그의 경건한 자들의 죽음은 여호와께서 보시기에 귀중한 것이로다

잠언 14:32 악인은 그의 환난에 엎드러져도 의인은 그의 죽음에도 소망이 있느니라

이사야 40:29 피곤한 자에게는 능력을 주시며 무능한 자에게는 힘을 더 하시나니

이사야 61:2 여호와의 은혜의 해와 우리 하나님의 보복의 날을 선포하여 모든 슬픈 자를 위로하되

이사야 66:13 어머니가 자식을 위로함같이 내가 너희를 위로할 것인즉 너희가 예루살렘에서 위로를 받으리니

예레미야 17:7 무릇 여호와를 의지하며 여호와를 의뢰하는 그 사람은 복을 받을 것이라

예레미야 31:25 내가 그 피곤한 심령을 상쾌하게 하며 모든 연약한 심령을 만족하게 하였음이라

다니엘 9:17 주의 종의 기도와 간구를 들으시고 주를 위하여 주의 얼굴 빛을 주의 황폐한 성소에 비추시옵소서

요한복음 11:25 예수께서 이르시되 나는 부활이요 생명이니 나를 믿는 자는 죽어도 살겠고

로마서 3:24 그리스도 예수 안에 있는 속량으로 말미암아 하나님의 은혜로 값없이 의롭다 하심을 얻은 자 되었느니라

로마서 15:13 소망의 하나님이 모든 기쁨과 평강을 믿음 안에서 너희에게 충만하게 하사 성령의 능력으로 소망이 넘치게 하시기를 원하노라

고린도후서 1:4 우리의 모든 환난 중에서 우리를 위로하사 우리로 하여금 하나님께 받는 위로로써 모든 환난 중에 있는 자들을 능히 위로하게 하시는 이시로다

베드로전서 5:7 너희 염려를 다 주께 맡기라 이는 그가 너희를 돌보심이라

요한계시록 21:4 모든 눈물을 그 눈에서 닦아 주시니 다시는 사망이 없고 애통하는 것이나 곡하는 것이나 아픈 것이 다시 있지 아니하리니 처음 것들이 다 지나갔음이러라

평안을 바라는 기도

신명기 31:6 너희는 강하고 담대하라 두려워하지 말라 그들 앞에서 떨지 말라 이는 네 하나님 여호와 그가 너와 함께 가시며 결코 너를 떠나지 아니하시며 버리지 아니하실 것임이라

시편 32:7 주는 나의 은신처이오니 환난에서 나를 보호하시고 구원의 노래로 나를 두르시리이다

시편 42:5 내 영혼아 네가 어찌하여 낙심하며 어찌하여 내 속에서 불안해하는가 너는 하나님께 소망을 두라 그가 나타나 도우심으로 말미암아 내가 여전히 찬송하리로다

시편 56:3-4 내가 두려워하는 날에는 내가 주를 의지하리이다 내가 하나님을 의지하고 그 말씀을 찬송하올지라

시편 104:34 나의 기도를 기쁘게 여기시기를 바라나니 나는 여호와로 말미암아 즐거워하리로다

시편 118:6 여호와는 내 편이시라 내가 두려워하지 아니하리니 사람이

내게 어찌할까

이사야 41:10 두려워하지 말라 내가 너와 함께 함이라 놀라지 말라 나는 네 하나님이 됨이라 내가 너를 굳세게 하리라 참으로 너를 도와주리라 참으로 나의 의로운 오른손으로 너를 붙들리라

이사야 43:1 너는 두려워하지 말라 내가 너를 구속하였고 내가 너를 지명하여 불렀나니 너는 내 것이라

마태복음 6:34 내일 일을 위하여 염려하지 말라 내일 일은 내일이 염려할 것이요 한 날의 괴로움은 그 날로 족하니라

요한복음 14:1 너희는 마음에 근심하지 말라 하나님을 믿으니 또 나를 믿으라

요한복음 15:8 세상이 너희를 미워하면 너희보다 먼저 나를 미워한 줄을 알라

요한복음 16:33 이것을 너희에게 이르는 것은 너희로 내 안에서 평안을 누리게 하려 함이라 세상에서는 너희가 환난을 당하나 담대하라 내가 세상을 이기었노라

로마서 15:13 소망의 하나님이 모든 기쁨과 평강을 믿음 안에서 너희에게 충만하게 하사 성령의 능력으로 소망이 넘치게 하시기를 원하노라

빌립보서 1:6 너희 안에서 착한 일을 시작하신 이가 그리스도 예수의 날까지 이루실 줄을 우리는 확신하노라

요한일서 4:11 사랑하는 자들아 하나님이 이같이 우리를 사랑하셨은즉 우리도 서로 사랑하는 것이 마땅하도다

전도를 위한 기도

시편 37:5-6 네 길을 여호와께 맡기라 그를 의지하면 그가 이루시고 네 의를 빛같이 나타내시며 네 공의를 정오의 빛같이 하시리로다

시편 102:1 여호와여 내 기도를 들으시고 나의 부르짖음을 주께 상달하게 하소서

잠언 24:11 너는 사망으로 끌려가는 자를 건져 주며 살륙을 당하게 된 자를 구원하지 아니하려고 하지 말라

이사야 43:19 보라 내가 새 일을 행하리니 이제 나타낼 것이라 너희가 그것을 알지 못하겠느냐 반드시 내가 광야에 길을 사막에 강을 내리니

누가복음 15:10 내가 너희에게 이르노니 이와 같이 죄인 한 사람이 회개하면 하나님의 사자들 앞에 기쁨이 되느니라

요한복음 1:12 영접하는 자 곧 그 이름을 믿는 자들에게는 하나님의 자녀가 되는 권세를 주셨으니

요한복음 3:16 하나님이 세상을 이처럼 사랑하사 독생자를 주셨으니 이는 그를 믿는 자마다 멸망하지 않고 영생을 얻게 하려 하심이라

요한복음 7:37 명절 끝날 곧 큰 날에 예수께서 서서 외쳐 이르시되 누구든지 목마르거든 내게로 와서 마시라

요한복음 14:6 예수께서 이르시되 내가 곧 길이요 진리요 생명이니 나로 말미암지 않고는 아버지께로 올 자가 없느니라

사도행전 4:12 다른 이로써는 구원을 받을 수 없나니 천하 사람 중에 구

원을 받을 만한 다른 이름을 우리에게 주신 일이 없음이라 하였더라

고린도후서 6:2　이르시되 내가 은혜 베풀 때에 너에게 듣고 구원의 날에 너를 도왔다 하셨으니 보라 지금은 은혜 받을 만한 때요 보라 지금은 구원의 날이로다

요한삼서 1:2　사랑하는 자여 네 영혼이 잘됨 같이 네가 범사에 잘되고 강건하기를 내가 간구하노라

돌보심을 바라는 기도

신명기 32:10　여호와께서 그를 황무지에서, 짐승이 부르짖는 광야에서 만나시고 호위하시며 보호하시며 자기의 눈동자같이 지키셨도다

시편 17: 8-9　나를 눈동자같이 지키시고 주의 날개 그늘 아래에 감추사 내 앞에서 나를 압제하는 악인들과 나의 목숨을 노리는 원수들에게서 벗어나게 하소서

시편 31:3　주는 나의 반석과 산성이시니 그러므로 주의 이름을 생각하셔서 나를 인도하시고 지도하소서

시편 55:22　네 짐을 여호와께 맡기라 그가 너를 붙드시고 의인의 요동함을 영원히 허락하지 아니하시리로다

시편 61:3　주는 나의 피난처시요 원수를 피하는 견고한 망대이심이니이다

시편 86:6 여호와여 나의 기도에 귀를 기울이시고 내가 간구하는 소리를 들으소서

시편 118:5-6 내가 고통 중에 여호와께 부르짖었더니 여호와께서 응답하시고 나를 넓은 곳에 세우셨도다 여호와는 내 편이시라 내가 두려워하지 아니하리니 사람이 내게 어찌할까

시편 140: 7 내 구원의 능력이신 주 여호와여 전쟁의 날에 주께서 내 머리를 가려 주셨나이다

잠언 16:9 사람이 마음으로 자기의 길을 계획할지라도 그의 걸음을 인도하시는 이는 여호와시니라

잠언 24:16 대저 의인은 일곱 번 넘어질지라도 다시 일어나려니와 악인은 재앙으로 말미암아 엎드러지느니라

스바냐 3:17 너의 하나님 여호와가 너의 가운데에 계시니 그는 구원을 베푸실 전능자이시라

마태복음 7:7-8 구하라 그리하면 너희에게 주실 것이요 찾으라 그리하면 찾아낼 것이요 문을 두드리라 그리하면 너희에게 열릴 것이니 구하는 이마다 받을 것이요 찾는 이는 찾아낼 것이요 두드리는 이에게는 열릴 것이니라

마태복음 11:28 수고하고 무거운 짐 진 자들아 다 내게로 오라 내가 너희를 쉬게 하리라

요한복음 6:35 나는 생명의 떡이니 내게 오는 자는 결코 주리지 아니할 터이요 나를 믿는 자는 영원히 목마르지 아니하리라

고린도후서 2:14 항상 우리를 그리스도 안에서 이기게 하시고 우리로 말미암아 각처에서 그리스도를 아는 냄새를 나타내시는 하나님께 감사하노라

남편을 위한 기도

시편 37:5-6 네 길을 여호와께 맡기라 그를 의지하면 그가 이루시고 네 의를 빛같이 나타내시며 네 공의를 정오의 빛같이 하시리로다

시편 68:9 하나님이여 주께서 흡족한 비를 보내사 주의 기업이 곤핍할 때에 주께서 그것을 견고하게 하셨고

시편 128:1-2 여호와를 경외하며 그의 길을 걷는 자마다 복이 있도다 네가 네 손이 수고한 대로 먹을 것이라 네가 복되고 형통하리로다

잠언 10:4 손을 게으르게 놀리는 자는 가난하게 되고 손이 부지런한 자는 부하게 되느니라

잠언 16:3 너의 행사를 여호와께 맡기라 그리하면 네가 경영하는 것이 이루어지리라

잠언 16:8 적은 소득이 공의를 겸하면 많은 소득이 불의를 겸한 것보다 나으니라

잠언 19:21 사람의 마음에는 많은 계획이 있어도 오직 여호와의 뜻만이 완전히 서리라

골로새서 3:23-24 무슨 일을 하든지 마음을 다하여 주께 하듯 하고 사람에게 하듯 하지 말라 이는 기업의 상을 주께 받을 줄 아나니 너희는 주 그리스도를 섬기느니라

고린도전서 16:13 깨어 믿음에 굳게 서서 남자답게 강건하라

디모데전서 2:8 각처에서 남자들이 분노와 다툼이 없이 거룩한 손을 들어 기도하기를 원하노라

자녀를 위한 기도

사사기 13:8 마노아가 여호와께 기도하여 이르되 주여 구하옵나니 … 우리가 그 낳을 아이에게 어떻게 행할지를 우리에게 가르치게 하소서

시편 119:9-10 청년이 무엇으로 그의 행실을 깨끗하게 하리이까 주의 말씀만 지킬 따름이니이다 내가 전심으로 주를 찾았사오니 주의 계명에서 떠나지 말게 하소서

잠언 22:6 마땅히 행할 길을 아이에게 가르치라 그리하면 늙어도 그것을 떠나지 아니하리라

전도서 12:1 너는 청년의 때에 너의 창조주를 기억하라

이사야 54:13 네 모든 자녀는 여호와의 교훈을 받을 것이니 네 자녀에게는 큰 평안이 있을 것이며

누가복음 2:40 아기가 자라며 강하여지고 지혜가 충만하며 하나님의 은혜가 그의 위에 있더라

로마서 12:2 너희는 이 세대를 본받지 말고 오직 마음을 새롭게 함으로 변화를 받아 하나님의 선하시고 기뻐하시고 온전하신 뜻이 무엇인지 분별하도록 하라

디모데전서 2:4 하나님은 모든 사람이 구원을 받으며 진리를 아는 데에 이르기를 원하시느니라

디모데후서 2:22 또한 너는 청년의 정욕을 피하고 주를 깨끗한 마음으로 부르는 자들과 함께 의와 믿음과 사랑과 화평을 따르라

요한삼서 1:4 내가 내 자녀들이 진리 안에서 행한다 함을 듣는 것보다 더 기쁜 일이 없도다

날마다 기도 노트(리스)

엮은이 넥서스CROSS 편집부
펴낸이 임상진
펴낸곳 (주)넥서스

초판 1쇄 발행 2017년 2월 25일
초판 11쇄 발행 2024년 4월 30일

출판신고 1992년 4월 3일 제311-2002-2호
주소 10880 경기도 파주시 지목로 5
전화 (02)330-5500 팩스 (02)330-5555

ISBN 978-89-98454-72-2 03230

가격은 뒤표지에 있습니다.
잘못 만들어진 책은 구입처에서 바꾸어 드립니다.

www.nexusbook.com